TABLETTES CHRONOLOGIQUES DES RÉVOLUTIONS DE L'EUROPE.

Du Citoyen Koch

de l'institut national.

Seconde édition corrigée et continuée.

À STRASBOURG
se vend chez les frères *Levrault*, rue des Juifs N.° 33,
et à *Paris* chez les mêmes, Quai Malaquai.
An IX. de la République, mois de Floréal
1801.

De l'Imprimerie de J. H. Silbermann.

AVERTISSEMENT.

CES tablettes présentent les époques des révolutions de l'Europe; celles de l'origine, du progrès et de la chûte des empires, des royaumes, des républiques, de cette partie intéressante du globe. On les a mis dans un format à servir de *Vade mecum* à ceux qui, en étudiant l'histoire, voudront mettre de l'ordre dans leurs idées et se ménager des points fixes, propres à y asseoir leur jugement. Ils y trouveront, outre les époques des grands événemens qui ont influé sur le sort de toute l'Europe, et amené l'ordre social actuel, celles des révolutions que chaque état a éprouvées en son particulier; et quoiqu'en publiant ces tablettes, nous n'ayons eu proprement en vue que de retracer les événemens qui se sont passés en Europe depuis le bouleversement de l'empire Romain dans le cinquième siècle, nous avons néanmoins jugé convenable d'y rappeler également les époques les plus mémorables de l'histoire ancienne; afin d'établir un fil d'événemens depuis les temps les plus reculés jusqu'à nos jours.

Cette nouvelle édition a été revue avec soin et continuée jusqu'à ce jour. Les grandes commotions politiques qui ont agité l'Europe depuis la mort de l'empereur Charles VI; le nombre et l'éclat des événemens arrivés dans la seconde moitié du dix-huitième siècle et pendant le cours de la révolution française, nous ont paru exiger une chronologie plus exacte et plus détaillée. C'est d'après cette réflexion, qu'à commencer de l'année 1740 nous avons marqué les jours même des événemens, et combiné avec l'ère vulgaire celle de la République, depuis le 6 Octobre 1793 où cette ère s'est introduite en France dans les actes publics et a été suivie de même dans les nombreuses productions littéraires qui ont vu le jour depuis cette époque.

Strasbourg, au mois de Floréal de l'an 9 de la République.

TABLETTES DE L'HISTOIRE ANCIENNE.

Ans du mond.	Ans de Rome.	
1656		DÉLUGE.
2421		Ère Attique. Cécrops.
2720		Expédition des Argonautes.
2794		Siége de Troie par les Grecs.
3000		Salomon, roi des Juifs. Sésostris.
3119		Fondation de la ville de Carthage.
3226		Ère vulgaire des Olympiades.
3234		Monarchie des Assyriens, fondée par Phul.
3249		Fondation de la ville de Rome.
3255		Ère de Nabonassar.
3393		Destruction du royaume des Juifs par les Assyriens.
3463		Prise de Babylone par Cyrus. Monarchie des Perses.
3493	245	Origine de la république Romaine. Ère des Consuls.
3571		Guerre du Peloponnèse. Thucydide.
3672		Fin des Perses. Monarchie d'Alexandre le Grand.
3690		Ère des Seleucides.

Ans du monde.	Ans de Rome.	Ans avant J. C.	
3697			Partage de la monarchie d'Alexandre en trois empires: ceux de Macédoine, de Syrie et d'Egypte.
3738	490	262	Première guerre Punique.
3835	587	165	Fin du Royaume de Macédoine.
3856	608	144	Destruction de Carthage. Sac de Corinthe.
3936	688	64	Fin du royaume de Syrie.
3962	714	38	Ère d'Espagne.
3971	723	29	Bataille d'Actium. Fin de la république Romaine. Auguste premier empereur.
3972	724		Fin du royaume d'Egypte.
4000	752		Naissance de Jésus-Christ.
4004		après J. C.	Ère Dionysienne ou vulgaire de Jésus-Christ.
		284	Ere de Dioclétien ou des martyrs.
		324	Introduction du christianisme dans l'empire Romain.
		330	Translation du siége de l'empire à Bysance.

Ans après J. C.	
395	Partage de l'Empire en oriental et occidental.
406	Invasion des Bárbares.
476	Bouleversement de l'empire Romain en occident.

TABLETTES
DE
L'HISTOIRE DU MOYEN AGE.

Ans de J. C.	
406	Irruption des Vandales, Suèves et Alains dans la Gaule.
413	Entrée des Bourguignons dans la Gaule.
415	Prise de Barcellonne par les Visigoths; origine de leur monarchie en Espagne.
427	Royaume des Vandales en Afrique.

428	Passage du Rhin par les Francs. Rois Merovingiens dans la Gaule.
449	Passage des Anglo-Saxons dans la Bretagne romaine.
451	Bataille de Châlons-sur-Marne, gagnée sur les Huns par les Romains, Francs et Visigoths réunis.
452	Fondation présumée de Venise.
456	Origine du Royaume des Bourguignons dans la Gaule.
476	Odoacre s'empare de Rome et de l'Italie; origine du Royaume des Hérules.
486	Clovis s'erige en conquérant des Gaules. Victoire de Soissons sur les Romains.
493	Conquête de l'Italie par les Ostrogoths; fin du royaume des Hérules.
496	Victoire de Tolbiac par Clovis; destruction de la puissance des Allemands.
507	Victoire de Vouglé sur les Visigoths; conquête des pays entre la Loire et les Pyrénées.
531	Destruction du royaume des Thuringiens en Allemagne, par les fils de Clovis.
534	Le royaume des Bourguignons dans la Gaule détruit par les fils de Clovis.
—	Le royaume des Vandales anéanti par Justinien.

553	Fin du royaume des Ostrogoths; les Grecs maîtres de l'Italie.
568	Origine du royaume des Lombards en Italie.
—	Les Avares s'emparent de la Panonie.
584	Fin du royaume des Suèves dans la Galice; les Visigoths maîtres de l'Espagne.
622	Ère de l'Hégyre. Origine de la religion et de l'empire de Mahomet.
687	Victoire de Testry; Pepin d'Heristal devient maître de la monarchie des Francs, à titre de Duc et Prince des Francs.
697	Création d'un Doge à Venise.
711	Les Arabes font la conquête de l'Espagne.
730	Les Romains s'érigent en république sous l'autorité du Pape; première origine de l'état ecclésiastique.
732	Victoire de Poitiers sur les Arabes par Charles Martel, fils de Pepin d'Héristal.
750	Alfonse I. dit le Catholique, fondateur du royaume de Léon.
752	Pepin le Bref, fils de Charles Martel, élu roi des Francs et sacré à Soissons; avénement des Carlovingiens.
756	Le Pape mis en possession de l'Exarquat par Pépin le Bref.

756	Origine du Califat de Cordoue.
759	Prise de Narbonne sur les Arabes ; les Francs maîtres de toute la Gaule.
774	Fin du royaume des Lombards ; les Francs maîtres de l'Italie. Charlemagne, patrice des Romains.
796	Conquête de la Panonie par Charlemagne ; destruction du royaume des Avares.
800	Couronnement de Charlemagne à Rome ; renouvellement de la dignité impériale en occident.
803	Les Saxons se soumettent à Charlemagne et embrassent le christianisme.
827	Fin de l'Heptarchie. Egbert le Grand, roi de toute l'Angleterre.
843	Paix de Verdun ; partage de la monarchie des Francs ; origine du royaume de France sous Charles le Chauve ; origine du royaume d'Allemagne sous Louis le Germanique.
855	Origine du royaume de Lorraine sous Lothaire II.
858	Origine du royaume de Navarre sous Dom Garcie.
862	Fondation de la monarchie des Russes par Ruric.
874	L'Islande peuplée par des Normands.
877	Introduction du système féodal en France par Charles le Chauve.
879	Fondation du royaume de Bourgogne cis-jurane par Boson.

880	Schisme des Grecs.
887	Les Hongrois se fixent sur le Danube sous la conduite d'Almus et d'Arpad.
—	Les Allemands rendent leur couronne élective.
888	Démembrement final de la monarchie des Francs à la mort de Charles le Gros ; l'Italie devient un royaume particulier.
—	Fondation du royaume de Bourgogne trans-jurane par Rodolphe.
890	Borziwoy, Duc de Bohême, se fait baptiser.
900	Les Hongrois occupent la Panonie avec une partie du Noricum; origine de la Hongrie moderne.
908	Démembrement du grand royaume des Moraves, la Moravie actuelle incorporée à la Bohême.
—	Origine du Califat des Fathimites en Afrique et en Egypte.
912	Traité de St. Clair-sur-Epte ; Rollon ou Rolf le Normand declaré Duc de Normandie.
918	Avénement de la maison des Ducs de Saxe au trône d'Allemagne.
924	Interruption de la dignité impériale à la mort de Bérenger I.
925	Réunion du royaume de Lorraine par Henri I. roi d'Allemagne.

930	Les deux royaumes de Bourgogne fondus en un seul.
933	Bataille de Mersebourg; defaite des Hongrois par les Allemands.
962	Réunion de l'Italie par Otton le Grand; renouvellement de la dignité impériale; origine de l'empire d'Allemagne.
965	Harald Blaatand, roi de Danemarc, introduit le christianisme.
966	Mieczyslaw I, duc de Pologne, se fait chrétien.
968	Fondation du Caire ou de la ville de Mars en Egypte par les Califes Fathimites.
987	Avénement des Capétiens au trône de France.
988	Wladimir le Grand, grand-duc de Russie, se fait baptiser à Cherson dans la Tauride; les Russes embrassent le rit grec.
992	Geysa, Prince des Hongrois, reçoit le baptême.
997	Conquête des villes maritimes de la Dalmatie par les Venitiens.
1000	St. Etienne se fait couronner roi d'Hongrie.
1001	Olof Skotkonung embrasse le christianisme et prend le titre de roi de Suède.
1014	Canut le Grand. Affermissement du christianisme en Danemarc.
—	Bérold ou Béraud tige de la maison de Savoie.

1015	Commencement des partages de Russie à la mort de *Wladimir le Grand.*
1017	Conquête de l'Angleterre par les Danois.
1024	Avenement de la maison Salique au trône de l'empire.
1030	Démembrement du Califat de Cordoue; décadence des Mahométans en Espagne.
1032	Le royaume de Bourgogne passe sous la souveraineté de l'empire à la mort de Raoul le Faineant.
1035	Partage des états de Sanche le Grand en royaume de Navarre, de Castille et d'Aragon.
1038	Fondation de l'empire des Turcs Seljoucides par Togrulbeg.
1042	Les Danois chassés de l'Angleterre.
1043	Cession de la Panonie supérieure jusqu'à la Leitha par les Hongrois; grandeur des Allemands.
1048	Gérard d'Alsace, premier duc héréditaire de la Lorraine Mosellane, tige de la maison de Lorraine.
1059	Robert Guiscard le Normand, créé duc de la Pouille et de la Calabre, se rend vassal du pape.
1061	Fondation de l'empire des Almoravides en Afrique par Aboubekr.
1066	Bataille de Hastings; conquête de l'Angleterre par Guillaume le Conquerant.

1066	Origine vraisemblable des Tournois.
1069	Construction de la ville de Maroc par Yousouf souverain des Almoravides et conquérant d'Afrique.
1071	L'empire grec en Asie mineure démembré par les Turcs Seljoucides.
—	Guelphe, tige de la maison de Brunswic, créé duc de Bavière.
—	Grégoire VII. attaque les investitures laïques et les mariages des prêtres; origine de la nouvelle puissance des Papes; decadence de l'empire d'Allemagne.
1074	Origine de la maison de Bade, issue des Ducs de Zaringue.
1075	Conquête de la Palestine par les Seljoucides.
1076	Déposition de l'empereur Henri IV. par le Pape Grégoire VII.; abus du pouvoir des clefs; guerre entre l'Empire et le Sacerdoce.
1080	Fondation de l'ordre des Chartreux; multiplication des ordres religieux.
1085	Conquête de Tolède et de Madrid par Alfonse VI. roi de Castille.
1086	Les Almoravides d'Afrique envahissent l'Espagne.
1087	Premiere guerre entre la France et l'Angleterre; origine de la rivalite entre les deux nations.
1092	Démembrement de l'empire des Turcs Seljoucides.

1094	Henri de Bourgogne, de la maison de France, creé Comte de Portugal.
1095	Concile de Clermont; commencement des croi sades.
1099	Fondation du royaume de Jérusalem par Godefroy de Bouillon, chef de la premiére croisade.
1100	Fondation de l'ordre de St. Jean de Jerusalem.
1106	Les villes d'Italie s'erigent en républiques; origine des Communes.
—	Godefroy, comte de Louvain, premier duc héréditaire de la basse Lorraine et tige des maisons de Brabant et de Hesse.
1115	Renaissance du droit romain en Italie.
—	Ouverture de la succession de la Comtesse Matilde, aggrandissement de l'état ecclésiastique.
1119	Fondation de l'ordre des Templiers.
1120	Origine de l'empire des Almohades, conquérans de l'Afrique et de l'Espagne mahométane.
1122	Concordat entre l'empereur Henri V. et le Pape Calixte II.
1127	Les ducs de Zaringue creés régens du royaume de Bourgogne.
1130	Roger II. premier roi des deux Siciles.
1138	Avénement de la maison de Hohenstaufen au trône de l'empire.

1138	Commencement des partages de Pologne à la mort de Boleslas III.
1139	Bataille d'Ourique; Alfonse I, fils du comte Henri, proclamé roi de Portugal.
1147	Croisade de l'empereur Conrad III. et de Louis VII. dit le jeune, roi de France, contre l'Atabek Zenghi.
1152	Décret de Gratien.
1154	Henri II. roi d'Angleterre; avénement des Plantagenets ou Angevins.
1156	L'Autriche de Marggraviat erigée en Duché.
1157	Conquête de la Finlande par les Suédois.
—	Albert l'ours, Marggrave du Nord, s'empare de Brandebourg; origine du Marggraviat de ce nom.
1164	La Sardaigne érigée en royaume.
1167	Ligue des villes de Lombardie opposée à l'empereur Frederic I.
1171	Saladin s'empare de l'Egypte; origine de la domination des Sultans Ayoubites.
1172	Conquête de l'Irlande par Henri II. roi d'Angleterre.
1177	Paix de Venise: l'empereur Frédéric le Barbe rousse abandonne au Pape la préfecture de Rome, les Venitiens s'arrogent la seigneurie de la mer Adriatique.

1180	Chûte de la maison des Guelphes; avenement de la maison de Wittelsbach au duche de Bavière et de la maison Ascanienne au duché de Saxe.
1187	Destruction du royaume de Jérusalem par Saladin.
1189	Croisade de l'empereur Frédéric le Barberousse, de Philippe-Auguste, roi de France, et de Richard cœur de lion, roi d'Angleterre.
—	Avénement de la maison de *Hohenstaufen* au trône des deux Siciles.
1191	Siége et prise de St. Jean d'Acre ou Ptolémaide par les croisés. Fondation de l'ordre Teutonique.
—	Guy de Lusignan obtient l'isle de Chypre.
1198	La Bohême erigee en royaume.
1200	Première mention de la boussole.
1201	Fondation de l'ordre des chevaliers porte-glaive et de la ville de Riga en Livonie.
1202	Quatrième croisade sous la conduite de Boniface, Marquis de Montferrat.
1204	Prise de Constantinople par les croisés; démembrement de l'empire grec; origine de l'empire des Latins à Constantinople, des empires Grecs de Nicée et de Trébisonde.
—	Les Anglais depouillés de la Normandie, du Poitou etc. par Philippe Auguste.

1204	Commission établie en Languedoc pour juger les hérétiques; première origine de l'inquisition.
1206	Tschinghiskhan s'erige en conquerant; fondation de l'empire des Mongols.
1209	L'Université de Paris composee de quatre Facultés; origine des Universites.
1212	Bataille d'Ubéda, défaite et chûte des Almohades d'Afrique.
1214	Le palatinat du Rhin entre dans la maison de Wittelsbach.
1215	Grande charte du roi Jean sans terre; base de la constitution d'Angleterre.
1217	Croisade d'André II. roi d'Hongrie.
1218	Extinction des ducs de Zaringue; la Suisse devient province immediate de l'empire.
1222	Charte ou decret du roi André II, base de la constitution hongroise.
1227	Bataille de Bornhoved en Holstein; le roi Waldemar II. deDanemarc perd ses conquetes de la Baltique.
1228	Croisade de l'empereur Frédéric II.
1230	L'ordre Teutonique établi dans la Prusse.
—	Conquête des îles Baléares par le roi d'Aragon et celle de la Courlande par les chevaliers de Livonie.
1235	Décretales de Gregoire IX.

1235	Erection du duché de Brunswic en faveur de la maison des Guelphes.
1236	Renouvellement de la ligue de Lombardie contre l'empereur Frederic II.
—	Conquête des royaumes de Cordoue, de Murcie et de Seville par les Castillans.
1237	Conquête de la Russie par Batou-Khan; origine de la Horde Mongole ou Tatare du Kaptschak
—	L'ordre des Chevaliers porte-glaive réuni à l'ordre Teutonique sous un seul et même grand-maître.
1241	Origine de la ligue hanseatique.
—	Invasion des Mongols dans la Pologne, la Silesie et la Hongrie.
1246	Première mention de l'usage des lettres de change.
1247	Extinction des anciens Landgraves de Thuringe, la Hesse dévolue à la maison de Brabant.
1248	Croisade de St. Louis, roi de France.
—	Affranchissement des serfs ou gens de la campagne par le duc Henri II. de Brabant.
1250	Avenement des rois Folkungiens en Suède.
—	Origine de la republique de Florence.
1254	Avénement des empereurs de différentes maisons en Allemagne.
—	Fin des Ayoubites; commencement de l'empire des Mamelucs en Egypte et en Syrie.
1256	Affranchissement des serfs à Bologne en Italie.

1261	Fin de l'empire des Latins; Michel Paleologue empereur de Constantinople.
1265	Reserve des benéfices vacans en cour de Rome par la mort des beneficiers; première reserve génerale.
—	Avénement des Angevins au royaume des deux Siciles.
1266	Les Communes d'Angleterre admises au parlement.
1268	Conradin décapité à Naples; extinction de la maison de Hohenstaufen; la Suabe et la Franconie deviennent provinces immediates de l'empire.
1271	Le Comte de Toulouse passe aux rois de France et le Comte Venaissin aux Papes.
1273	Avénement de Rodolphe de Habsbourg, restaurateur de l'empire et tige de la nouvelle maison d'Autriche; époque des sept electeurs privatifs.
1282	Vêpres Siciliennes; le royaume de Sicile passe aux rois d'Aragon.
—	Conquête du pays de Galles par l'Angleterre.
—	La maison de Habsbourg acquiert les duchés d Autriche.
1289	Extinction de la race mâle des anciens rois d'Ecosse; contestations entre les Baliols et les Bruces.
1290	Chûte de la république de Pise; elévation de celle de Gênes.

1291	Prise de Ptolémaide et de Tyr par les Mamelucs; les Francs chassés de l'orient; fin des croisades.
1294	Décadence de l'empire des Mongols.
1297	Tableau peint a l'huile de Thomas à-Muttersdorf.
1298	Introduction de l'aristocratie héreditaire a Venise.
1300	Boniface VIII; grandeur des Papes.
—	Fondation de l'empire Turc actuel par Ottoman.
1301	Fin de la race mâle des anciens rois d'Hongrie avec André III; avénement des Angevins de Naples.
1302	Le tiers-état admis aux états généraux de France par Philippe le Bel.
—	Premières traces de l'usage du papier de linge.
1306	Siége des Papes à Avignon; chûte de leur autorité à Rome et dans l'état de l'eglise.
1308	Avénement de la maison de Luxembourg au trône de l'empire.
—	Premiere origine de la confédération helvétique.
—	Conquête de l'ile de Rhodes par les chevaliers de St. Jean.
1309	Fin des rois esclavons de Bohême; avénement de la maison de Luxembourg.
—	Les villes d'empire admises à la diète; origine du collége des villes.
—	Marienbourg en Prusse devient chef-lieu de l'ordre Teutonique.

1312	Le canon et la poudre employés par les Maures en Espagne.
—	La ville de Lyon passe sous la souveraineté française.
—	Extinction de l'ordre des Templiers au concile de Vienne.
1315	Ligue de Brunnen; base du système fédératif des Suisses.
—	Affranchissement des serfs de la couronne par Louis X. dit le Hutin, roi de France.
—	Matthieu Visconti de Milan s'érige en conquérant.
1320	Gédimin, grand-duc de Lithuanie, s'empare de Kiovie.
—	La dignité royale rendue permanente en Pologne depuis Uladislas Lokietek.
1326	La Sardaigne passe aux rois d'Aragon.
1328	Avénement des Valois en France.
—	Moscou devient le Siége des grands-ducs de Russie.
1329	Traité de Pavie; origine des deux branches, palatine et de Bavière, de la maison de Wittelsbach.
1335	La Pologne cède ses droits de haute souveraineté sur la Silesie aux rois de Bohême.

1338	Edouard III. roi d'Angleterre, s'erige en prétendant à la couronne de France.
—	Union générale des electeurs.
—	Loi de Francfort pour le maintien de l'indépendance de l'empire contre les Papes.
1340	Bataille de Tariffe ; grande défaite des Maures d'Espagne réunis à ceux d'Afrique.
—	La principauté de Halitsch et toute la Russie rouge envahies par les Polonois.
1345	Première mention de la poudre à canon en France.
1347	Rienzi envahit la tyrannie à Rome sous le titre de Tribun.
1348	La ville d'Avignon vendue au Pape par la reine Jeanne I. de Naples.
1349	Humbert II, dernier Dauphin du Viennois, transmet le Dauphiné a la France.
—	Peste affreuse répandue par toute l'Europe; persécution des Juifs.
—	Création du duché de Mecklenbourg.
1356	Bulle d'or de l'empereur Charles IV.
1360	Prise d'Andrinople par Amurath; les Turcs établis en Europe.
1363	Philippe le Hardi tige des nouveaux ducs de Bourgogne.
1369	Timour, dit Tamerlan, nouveau conquérant Mongol.

1370	Etat florissant de la ligue hanséatique.
—	Fin des rois Piasts de Pologne avec Casimir le grand.
1371	Avenement des Stuarts au trône d'Ecosse.
1378	Grand Schisme d'occident.
1380	Défaite des Génois à Chiozza; décadence de la république de Gênes.
—	Victoire du Tanaïs sur les Tatares, par Dimitry Iwanowitsch Donskoi.
1385	Bataille d'Aljubarota; avénement de Jean le bâtard au trône de Portugal.
1386	Jagellon, grand-duc de Lithuanie, monte au trône de Pologne; introduction du christianisme en Lithuanie.
1390	Fabrique de papier de linge établie à Nuremberg.
1395	Création du duché de Milan.
1396	Bataille de Nicopolis par Bajazeth I; les Turcs affermis dans la Bulgarie.
1397	Union de Calmar des trois royaumes du nord. par la reine Marguerite.
1399	Avénement de la rose rouge en Angleterre.
1400	Jean Huss, disciple de Wiclef, s'érige en réformateur en Bohême.
1402	Bataille d'Ancyre; défaite de Bajazeth I. par Timour; anarchie des Turcs.

1406	Pise passe sous la domination des Florentins.
1409	Concile de Pise; trois Papes.
1414	Concile de Constance; décadence de la puissance pontificale.
1415	Prise de Ceuta par Jean le Bâtard; commencement de la navigation des Portugais.
—	Jean Huss brûlé à Constance.
—	Les Autrichiens dépouillés de leurs possessions en Suisse.
1416	Création du duché de Savoye.
1417	Fin du grand schisme d'occident. Election de Martin V.
—	L'électorat de Brandebourg conféré à la maison de Hohenzollern actuellement regnante.
—	Première mention des Bohémiens ou Zingars en Europe.
1418	Commencement de la guerre des Hussites.
1420	Decouverte de l'île de Madère par les Portugais.
—	Paix de Troyes en Champagne; le trône de France assuré au roi d'Angleterre.
1423	Avénement de la maison de Misnie à l'électorat de Saxe.
1429	Apparition de la pucelle d'Orléans.
1430	Philippe le Bon, duc de Bourgogne, acquiert le Brabant; grandeur des ducs de Bourgogne.

1431	Concile de Bale.
1432	Découverte des îles Açores par les Portugais.
1435	Paix d'Arras entre le roi Charles VII. et le duc de Bourgogne; decadence du parti anglois en France.
1436	Invention de la mobilité des caractères, à Strasbourg, par Jean Gutenberg de Mayence.
1437	Dissolution du concile de Bâle par Eugène IV.
1438	Avénement de la maison d'Autriche au trône de l'empire.
—	Pragmatique sanction de Bourges.
1439	Deposition d'Eugène IV; schisme de Bâle.
—	Concile de Florence; union momentanée des Grecs et des Latins.
—	Pragmatique sanction de Mayence.
1443	Le royaume de Naples passe aux Aragonois.
—	Scanderbeg ou George Castriota, heros chretien, vainqueur des Turcs.
1444	Bataille de Varna par Amurat II; le roi d'Hongrie tué.
1445	Etablissement de la milice perpétuelle en France sous Charles VII.
1447	Avénement des Sforces au duché de Milan.
—	Concordat romain entre les Allemands et le Pape Eugène IV.

1448	Avénement de la maison d'Oldenbourg au trône de Danemarc.
—	Concordat de Vienne entre le Pape Nicolas V et l'empereur Frédéric III.
1449	Fin du schisme de Bâle.
1452	Guerre civile d'Angleterre entre les deux roses.
—	Création du duché de Modène.
—	Invention de la fonte des caractères d'imprimerie par Pierre Shæffer, à Mayence.
1453	Expulsion des Anglois de la France.
—	Prise de Constantinople par Mahomet II; fin de l'empire des Grecs.

TABLETTES
DE
L'HISTOIRE MODERNE.

1459 Les duchés de Sleswic et de Holstein passent à la maison d'Oldenbourg.

1460 Découverte des îles du Cap verd par les Portugais.

1461 Avénement de la rose blanche en Angleterre.

— Fin de l'empire de Trébisonde.

1464 Origine des postes en France.

1466 Paix de Thorn; la Prusse partagée entre la Pologne et l'ordre Teutonique.

1472 Iwan Wasiliewitsch I. secoue le joug des Tatares; grandeur naissante de la Russie.

1474 Réunion des royaumes de Castille et d'Aragon, par le mariage de Ferdinand le Catholique avec Isabelle de Castille; origine de la grandeur de l'Espagne.

— Traité de Senlis; les Autrichiens abandonnent leurs pretentions sur la Suisse.

Batailles

1476	Batailles de Granson et de Morat; epoque glorieuse des Suisses.
1477	Mort de Charles le Téméraire, dernier duc de Bourgogne, tue à la bataille de Nancy. Marie de Bourgogne épouse Maximilien d'Autriche; origine de la rivalité entre la France et l'Autriche.
1478	Introduction de l'inquisition en Espagne.
1481	Le comte de Provence passe aux rois de France.
1482	Le pouvoir feodal abattu dans le Portugal par le roi Jean II.
1485	Reunion des deux roses par Henri VII; avénement de la maison de Tudor en Angleterre.
1486	Découverte du Cap de bonne espérance par Barthélemy Diaz.
1486	L'île de Chypre passe sous la domination de la république de Venise.
1492	Conquête du royaume de Grénade par Ferdinand le Catholique. Fin de la domination des Maurs en Espagne.
—	Decouverte de l'Amérique par Christophe Colomb.
1495	Diète de Worms: paix publique perpétuelle etablie en Empire; érection de la chambre impériale.

1495	Expedition de Charles VIII, roi de France, au royaume de Naples; naissance de la maladie venérienne.
1496	Mariage de l'archiduc Philippe avec Jeanne la folle, fille de Ferdinand le Catholique.
1498	Les Portugais abordent à Calicut, sous Vasquez di Gama : nouvelle route maritime aux Indes; decadence de la république de Venise.
1499	Paix de Bâle : les Suisses maintiennent la possession de leur independance de l'Empire.
1500	Découverte du Brésil par les Portugais.
1504	Le royaume de Naples passe à l'Espagne.
1506	Démembrement de la horde Tatare du Kaptschak.
1508	Ligue de Cambray contre les Venitiens.
1511	Conquête de Goa par Alfonse d'Albuquerque.
1512	La maison d'Albret dépouillée du royaume de Navarre, par Ferdinand le Catholique.
—	Diéte de Cologne : etablissement du conseil aulique; division de l'Empire en dix cercles.
1513	Le système fedératif des XIII. Cantons consolidés.
1516	Avenement de la maison d'Autriche à la monarchie espagnole sous Charles-Quint.
—	Paix perpétuelle de Fribourg entre la France et la Suisse.
1517	Luther et Zwingle s'érigent contre les indulgences de Léon X; origine du changement de religion.

1517	La Syrie et l'Egypte passent sous la domination des Ottomans; fin de l'empire des Mamelucs.
—	Invention des pistolets et fusils à ressort.
1519	Election de l'empereur Charles-Quint; origine des capitulations.
—	Premier voyage autour du monde par Ferdinand Magellan.
1520	Schisme de Luther.
1521	Mariage de Ferdinand d'Autriche avec Anne d'Hongrie; origine des deux branches de la maison d'Autriche.
—	L'ordre de Livonie rachète son indépendance de l'ordre Teutonique.
—	Prise de Belgrad par Soliman le Grand.
—	Conquête du Mexique par Ferdinand Cortez.
—	Alliance de Lucerne entre la France et la Suisse.
1522	Les Chevaliers de St. Jean dépouillés de l'île de Rhodes par les Turcs.
1523	Avenement de Gustave Vasa au trône de Suède; fin de l'union de Calmar.
1525	Paix de Cracovie: la Prusse Teutonique érigée en duché et fief héréditaire de la Pologne, en faveur d'Albert de Brandebourg; le Luthéranisme établi dans la Prusse.
—	Guerre des paysans.

1526	Bataille de Mohacz; mort de Louis, roi d'Hongrie et de Boheme: ces ryoaumes passent à la maison d'Autriche.
1527	Introduction du Luthéranisme en Suède et en Danemarc.
—	Mariage de Charles-Quint avec Isabelle de Portugal.
1528	André Doria rétablit la république et l'aristocratie à Gênes.
1529	Premier siége de Vienne par Soliman le Grand.
—	La Moldavie et la Wallachie passent définitivement sous les Ottomans.
—	Diète de Spire; origine du nom de Protestans.
1530	Donation de l'île de Malthe, faite aux chevaliers de St. Jean de Jérusalem par l'empereur Charles-Quint.
—	Diète d'Augsbourg: confession de foi des Princes protestans, présentée à l'empereur Charles-Quint.
—	Siége de Florence par les Impériaux. Fin de la république de Florence; Alexandre de Médicis premier duc de Florence.
1532	Fameux divorce de Henri VIII; origine de la réformation en Angleterre.
—	Jean Calvin commence à se faire connoître à Paris.

1533	Conquête du Pérou par François Pizarro.
1535	Extinction des Sforzes; le duché de Milan passe à l'Espagne.
—	Revolution de Genève; introduction de la démocratie et du calvinisme.
1536	Le pays de Vaud conquis par la république de Berne.
1540	Confirmation de l'ordre des Jésuites par le Pape Paul III.
1541	Les Turcs se rendent maîtres de Bude, capitale de la Hongrie.
1544	Paix de Crespy; les Français renoncent à l'Italie.
—	Traité de partage des duchés de Sleswic et de Holstein, précédé d'un traité d'union et de communion; source de troubles dans le nord.
—	Union héréditaire du royaume de Suède confirmée à la diète de Westeras.
1545	Les duchés de Parme et de Plaisance érigés en faveur d'Aloyse Farnèse, par le Pape Paul III.
—	Concile de Trente.
1546	Guerre de Charles-Quint contre les confédérés de Smalkalde.
1548	Diète d'Augsbourg: Charles-Quint se montre en dictateur; les Pays-Bas mis sous la protection de l'empire.

1552	Traité de Chambord; guerre de Maurice contre Charles-Quint; Henri II. roi de France, s'empare de Metz, Toul et Verdun.
—	Transaction de Passau.
—	Conquête de Casan et d'Astracan par Iwan Wasiliewitsch II.
1553	Découverte de la route d'Archangel par Richard Chanceller.
1555	Paix de religion en Empire; la religion protestante et la liberté germanique maintenues contre Charles-Quint.
1559	Introduction de la haute église en Angleterre, par la reine Elisabeth.
1560	Introduction du presbytérianisme en Ecosse.
—	Conjuration d'Amboise; commencement des troubles de religion en France.
1561	Traité de Vilna: la Livonie cédée à la Pologne par l'ordre de Livonie; Gotthard Kettler, dernier grand-maître, créé premier duc de Courlande. La Russie, la Suède, le Danemarc et la Pologne se contestent la Livonie.
1566	Commencement des troubles des Pays-Bas.
1569	Grand-Duché de Toscane érigé en faveur de la maison de Médicis.
1570	Paix de Stettin: le Danemarc renonce à ses prétentions sur la Suède.

1571	Conquête de l'île de Chypre par Selim II. Défaite des Turcs à Lépante ; decadence de la marine turque.
1572	Extinction des Jagellons. La couronne de Pologne devient purement elective ; origine des *pacta conventa.*
1579	Traité d'union d'Utrecht ; base de la liberté des provinces unies des Pays-Bas.
1580	Le Portugal passe sous la domination espagnole.
1581	Declaration d'indépendance par les provinces unies des Pays-Bas.
—	Decouverte et conquête de la Sibérie, par Jermak, chef des Cosaques.
1582	Paix de Kiewcrowa-Horca : les Russes renoncent à la Livonie en faveur de la Pologne.
1583	Introduction du calendrier Gregorien.
1584	Premiers établissemens des Anglais dans l'Amérique septentrionale.
1587	Construction de la ville de Tobolsk en Sibérie par les Russes.
1588	Defaite de la flotte invincible ; décadence de la monarchie espagnole.
1589	Extinction des Valois ; avénement des Bourbons au trône de France.

1595	Paix de Teusin : les Russes renoncent à l'Estonie en faveur de la Suède.
—	Les confédérés des Pays-Bas commencent leur navigation aux Indes.
1598	Paix de Vervins entre la France et l'Espagne.
—	Edit de Nantes; les protestans de France obtiennent le libre exercice de leur culte.
—	Extinction de la race regnante des Warègues en Russie; origine des troubles des faux Démétrius.
1600	Guerre entre la Suède et la Pologne pour la Livonie.
—	Origine de la compagnie anglaise des Indes orientales, sous la reine Elisabeth.
1601	Paix de Lyon: le Marquisat de Saluze échangé par la France contre le pays de Bresse, Bugay, Gex et Valromey.
1602	Origine de la compagnie hollandaise des Indes orientales.
1603	Jacques VI, roi d'Ecosse, monte au trône d'Angleterre; avénement de la maison de Stuart.
1604	Conquête des îles Moluques par les confédérés des Pays-Bas.
1608	Fondation de Quebec par les François.
1609	Trève d'Anvers entre les Espagnols et les confédérés des Pays-Bas.

1609	Ouverture de la succession de Juliers.
1610	Expulsion des Maures ou Morisques de l'Espagne.
1613	Paix de Siorod entre le Danemarc et la Suède : la frontière de la Norwège étendue a Waranger et à Wardehus.
—	Avénement de la maison de Romanow au trône de Russie.
1617	Paix de Stolbova entre la Suède et la Russie. cession de l'Ingrie et de Kexholm à la Suede.
1618	Troubles de Bohème ; commencement de la guerre de trente ans.
—	La Prusse ducale passe à la branche électorale de Brandebourg.
1620	Cession de Tranquebar sur la côte de Coromandel à la compagnie Danoise des Indes orientales.
1621	Renouvellement de la guerre entre les confédérés des Pays-Bas et les Espagnols.
1625	Christian IV, roi de Danemarc, s'érige en défenseur de la liberté germanique.
1627	Nouvelle constitution de la Bohème et de la Moravie ; proscription de la religion protestante.
1628	Prise de la Rochelle par le cardinal Richelieu, abaissement du parti calviniste en France.
—	Acte appellé *Pétition des droits*, délivre par le roi Charles I. de la grande Bretagne.

1629	Paix de Lubeck entre le roi de Danemarc et l'empereur Ferdinand II.
1630	Gustave-Adolphe, roi de Suède, entre en Empire; grandeur naissante de la Suède.
—	Paix de Ratisbonne qui termine le différend sur la succession de Mantoue.
1634	Paix de Wiazma entre les Russes et les Polonais. cession de Smolensko etc. à la Pologne.
1635	Paix de Prague entre l'électeur de Saxe et l'empereur Ferdinand II : cession de la Lusace à la maison électorale de Saxe.
—	La France prend part à la guerre de trente ans.
—	Origine de la colonie française de la Martinique.
—	Etablissement de l'Académie française.
1640	Les Portugais secouent le joug espagnol; avénement de la maison de Bragance.
1645	Paix de Bremsebro: la Suède obtient l'immunité du Sund et la cession des provinces de Jempteland, Herdalen, Halland, Oesel et Gothland.
—	Pacification de Lintz: les protestans d'Hongrie obtiennent le libre exercice de leur religion.
1648	Paix particulière de Munster entre les confédérés des Pays-Bas et les Espagnols: la souveraineté des provinces unies reconnue par l'Espagne.
—	Paix de Westphalie signée à Münster et à Osna-

	bruck; affermissement de la liberté germanique et du système d'équilibre continental: l'indépendance des Suisses reconnue par les Etats d'Empire; cession de l'Alsace et de la souveraineté des trois évêchés à la France; cession d'une partie de la Poméranie, de l'île de Rugen, de Wismar, Bremen et Verden à la Suede.
1649	Charles I, roi d'Angleterre, décapité; la royaute abolie en Angleterre.
1651	Fameux Acte de navigation publié par Cromvel.
1652	Naissance du *Liberum Veto* de Pologne.
1654	Les Cosaques de l'Ukraine se soumettent à la Russie.
—	Paix de Westminster entre l'Angleterre et la Hollande; acte secret contre le Stadhoudérat.
—	Abdication de la reine Christine de Suède; avenement des rois de la maison des Deux-Ponts
1655	Les Anglais font la conquête de la Jamaique sur les Espagnols.
—	Invasion de Charles X, roi de Suède, dans la Pologne; guerre generale du Nord.
1657	Traite de Welau: la Prusse ducale est déclarée souverainete libre et independante.
1658	Paix de Roschild entre la Suède et le Danemarc. cession de la Scanie, de la Bleckingie et du baillage de Bahus à la Suède.

1659	Paix des Pyrénées entre la France et l'Espagne: cession de l'Artois et du Roussillon, d'une partie de la Flandre, du Hainault et du Luxembourg à la France.
1660	Rappel des Stuarts en Angleterre.
—	Paix d'Oliva entre la Suède et la Pologne: cession de la Livonie à la Suède.
—	Paix de Coppenhague confirmative de celle de Roschild: la souveraineté du Sleswic assurée au duc de Holstein-Gottorp.
—	Revolution du Danemarc; la succession héréditaire et le pouvoir absolu déferés au roi Fréderic III.
1661	Paix de Kardis entre la Suède et la Russie.
1663	Etablissement de l'Académie des inscriptions et belles lettres de France.
—	Commencement de la diète perpetuelle de Ratisbonne.
1664	Bataille de St. Gotthard; paix de Temeswar entre l'Empereur et les Turcs.
1665	Loi royale du Danemarc.
1666	Fondation de l'Académie royale des sciences de Paris.
1667	Trève d'Andrussow entre la Russie et la Pologne: la Russie conserve Smolensko, Czernigow, Kiovie etc.

1667	Guerre pour le droit de dévolution.
—	Paix de Breda entre l'Angleterre et la Hollande.
—	Detrônement d'Alfonse VI, roi de Portugal.
—	Edit perpetuel ; suppression du Stadhoudérat par le parti republicain de la Hollande.
1668	Triple alliance entre la Hollande, l'Angleterre et la Suède, pour la conservation des Pays-Bas espagnols.
—	Paix de Lisbonne entre l'Espagne et le Portugal ; l'independance du Portugal maintenue.
—	Paix d'Aix-la-Chapelle : cession de Douai, Lille etc. à la France.
1669	Paix de la Haye entre le Portugal et les Etats-Généraux des provinces unies : ces derniers conservent leurs conquêtes aux Indes.
—	Conquête de l'île de Candie sur les Venitiens par les Turcs.
1672	Guerre de Hollande ; rétablissement du Stadhoudérat en faveur de Guillaume III.
1673	Paix de Vossem entre l'electeur de Brandebourg et la France.
1674	Paix de Westmunster entre l'Angleterre et la Hollande.
—	Campagne d'hyver de Turenne en Alsace.

1676	Paix de Zurawno entre la Pologne et les Turcs : cession de Kaminiek et de la Podolie aux Turcs.
1677	Troubles de Hongrie; les Comtes Wesselini et Tokoli, l'un après l'autre, chefs des mecontens.
1678	Paix de Nimegue entre la France, la Hollande et l'Espagne: cession de la Franche-Comté etc. à la France.
1679	Paix de Nimègue entre la France, l'Empereur, l'Empire et leurs alliés du nord.
—	Acte *d'habeas corpus* delivré par le roi Charles II. de la Grande Bretagne.
1680	Chambres de reunion etablies à Metz, Besançon et Brisac; Louis XIV. s'empare de la totalité de l'Alsace.
—	Revolution de la Suède en faveur de la royaute.
1816	Strasbourg se rend par capitulation à la France, le 30 Septembre.
1683	Second siege de Vienne par les Turcs; grande alliance contre les Turcs.
1684	Trève de Ratisbonne, pour vingt ans, avec l'Espagne et avec l'Empire. Louis XIV. conserve une partie de ses réunions.
1685	Revocation de l'édit de Nantes.
1686	Paix de Moscou entre les Russes et les Polonais: cession definitive des provinces de Smolensko,

	de Czernigow, des Cosaques au-delà du Dnieper, et de Kiovie à la Russie.
—	Ligue d'Augsbourg opposée à Louis XIV.
—	Prise de Bude par les Impériaux sur les Turcs.
1687	Diète de Presbourg; le royaume de Hongrie declaré heréditaire pour les mâles de la maison d'Autriche.
1688	Guerre d'Allemagne ou du Palatinat.
—	Révolution d'Angleterre; expulsion des Stuarts et du roi Jacques II; avénement de Guillaume III.
1689	Pierre le grand prend lui-même les rênes du gouvernement.
1690	Batailles de Fleurus et de Staffarde.
1691	Victoire de Salankemen, par le Prince Louis de Bade.
1692	Erection du neuvième électorat, en faveur de la maison d'Hanovre.
1693	Batailles de Neerwinden et de Marsaille.
1694	Etablissement de la banque royale de Londres.
1696	Siege et prise d'Assow par Pierre le Grand; origine de la marine russe.
—	Paix de Turin entre la France et le duc de Savoye: cession de Pignerol.

1697	Auguste II, électeur de Saxe, parvient au trône de Pologne.
—	Victoire de Zenta, par le Prince Eugène.
—	Paix de Ryswic : cession de Strasbourg ; cassation de toutes les réunions faites hors de l'Alsace ; le Simultané conservé dans tous les endroits restitues.
1698	Premier traité de partage entre la France, l'Angleterre et la Hollande : Joseph Ferdinand, Prince électoral de Bavière, declaré heritier présomptif de la monarchie espagnole.
1699	Paix de Carlowitz entre l'Empereur, le Czar, les Polonais, les Venitiens et les Turcs : cession de la Hongrie, excepté Temeswar, de la Transylvanie et de l'Esclavonie à l'Empereur ; cession de Kaminiek et de la Podolie aux Polonais, de la Moree aux Venitiens, et de la ville d'Assow aux Russes.
—	Conquête du Kamtschatka par les Russes.
1700	Second traité de partage entre la France, l'Angleterre et la Hollande : l'archiduc Charles declare héritier présomptif de la monarchie espagnole ; Naples, Guipuscoa et la Lorraine adjuges au Dauphin.
—	Commencement de la grande guerre du nord.

1700	Paix de Traventhal entre la Suède et leDanemarc.
—	Testament de Charles II. roi d'Espagne en faveur de Philippe d'Anjou.
—	Mort de Charles II. dernier mâle de la branche espagnole d'Autriche.
—	Fondation de l'Académie royale des sciences et belles lettres de Berlin.
1701	L'électeur de Brandebourg prend le titre de roi de Prusse.
—	Philippe V, roi d'Espagne; avénement de la maison de Bourbon au trône d'Espagne; grande alliance contre la France; guerre pour la succession d'Espagne.
—	Acte du Parlement Britannique pour assurer la succession au trône à la maison d Hanovre.
1702	Seconde interruption du Stadhoudérat a la mort de Guillaume III.
1703	Troubles de Hongrie; François Rakoczy chef des mécontens.
—	Fondation de St. Pétersbourg; les Russes s'ouvrent la mer Baltique.
1704	Deposition d'Auguste II, roi de Pologne; première élection de Stanislas Lesczinsky, par la protection de Charles XII.
—	Prise de Gibraltar par les Anglais.

1704	Bataille de Hochstatt ou de Blindheim, par Marlborough et le Prince Eugène.
1706	Batailles de Ramillies et de Turin.
—	Paix d'Altranstett entre Charles XII. et Auguste II. ce dernier renonce au trône de Pologne.
1707	Union de l'Angleterre et de l'Ecosse en un seul et même parlement.
1708	Le duché de Mantoue confisqué par l'empereur au profit de la maison d'Autriche.
—	Le duc de Savoye investi par l'empereur du Montferrat, des provinces d'Alexandrie, de Valence etc.
1709	Bataille de Pultava; défaite de Charles XII. par Pierre le Grand. Decadence de la Suède; grandeur de la Russie.
—	Bataille de Malplaquet.
1710	Conferences de Gertruydenberg.
1711	Paix de Falczi sur le Pruth: Pierre le Grand rend Assow aux Turcs et renonce à la mer noire.
—	Préliminaires de Paix entre la France et l'Angleterre.
—	Election de l'Empereur Charles VI; nouvelle forme des capitulations.
1712	Paix de Constantinople entre les Russes et les Turcs.
—	Bataille de Denain.

1713	Nouvel ordre de succession établi dans les Cortez d'Espagne.
—	Paix d'Utrecht entre la France, l'Espagne et les alliés, à l'exception de l'empereur. la France et l'Espagne ne pourront jamais être réunies; les Pays-Bas espagnols érigés en barrière contre la France; ces Pays-Bas, le royaume de Naples, la Sardaigne, le duché de Milan et les ports de Toscane cédés à l'empereur; la Sicile cédée au duc de Savoye; Gibraltar et Port-Mahon a l'Angleterre; grandeur de l'Angleterre; élévation de la maison de Savoye.
—	Pragmatique sanction relative à la succession de la maison d'Autriche.
—	Paix d'Andrinople, entre la Russie et la Porte.
—	Le duc de Savoye couronne roi de Sicile le 24 Novembre.
1714	La maison de Holstein-Gottorp dépouillée de sa portion du Sleswic par le roi de Danemarc.
—	Mort de la Reine Anne d'Angleterre; avénement de la maison d'Hanovre.
—	Paix de Rastatt et de Bade entre la France, l'Empereur et l'Empire; cession de Landau à la France.
1715	Les Turcs envahissent la Morée; guerre de l'empereur et de la republique de Venise contre la Porte.

1715	Traité de la barrière signé à Anvers entre l'Empereur et les Hollandais.
—	Le parlement Britannique rendu septennaire.
1716	Victoire de Peterwaradin par le Prince Eugène
1717	Victoire de Belgrade par les impériaux.
—	Les Espagnols envahissent la Sardaigne.
1718	Paix de Passarowitz entre l'empereur, les Venitiens, et les Turcs : Temeswar et Belgrad cédés à l'empereur.
—	Quadruple alliance ; la Sicile donnée à l'empereur ; la Sardaigne au duc de Savoye ; l'expectative du grand-duché de Toscane et des duchés de Parme et de Plaisance assurée à Don Carlos.
—	Charles XII. tué au siege de Fridrichshall.
1719	Paix de Stockholm entre la Suède et le roi de la Grande-Bretagne : cession de Bremen et Verden par la Suède.
—	Révolution dans le gouvernement de Suède ; limitation du pouvoir royal.
1720	Paix de Stockholm entre la Suède et le roi de Prusse. cession de Stettin et de la Poméranie entre l'Oder et la Peene.
—	Paix de Stockholm et de Fridrichsbourg entre la Suède et le Danemarc : la Suède renonce à l'im-

	munité du Sund et à la protection du duc de Holstein-Gottorp.
1720	Actes de garantie du Sleswic délivrés par la France et par l'Angleterre en faveur du roi de Danemarc.
—	Le duc de Savoye prend possession de la Sardaigne.
—	Paix perpétuelle de Constantinople entre les Russes et les Turcs.
1721	Congrès de Cambray.
—	Paix de Nystett : cession de la Livonie, de l'Ingrie et de la Caréÿe à la Russie ; la Russie puissance dominante dans le nord.
—	Le Czar Pierre le Grand prend le titre d'empereur.
1722	Diète de Presbourg ; la succession au trône de Hongrie étendue aux femmes de la maison d'Autriche.
—	Erection de la compagnie d'Ostende.
1725	Paix de Vienne entre l'empereur et le roi d'Espagne.
—	Alliance de Vienne.
—	Alliance d'Hanovre.
1726	Fondation de l'Académie de St. Pétersbourg.
1727	Préliminaires de Paris : suspension de la compagnie d'Ostende.

1728	Congres de Soissons.
1729	Paix de Séville entre l'Espagne, la France, l'Angleterre et la Hollande.
—	Soulèvement des Corses contre la république de Gênes.
1731	Traité d'alliance de Vienne entre l'empereur, l'Angleterre et la Hollande : l'empereur renonce à la compagnie d'Ostende.
—	Extinction de la maison de Farnèse; Dom Carlos duc de Parme et de Plaisance.
1733	Mort d'Auguste II. roi de Pologne; élection de Stanislas Lesczinsky et d'Auguste III, guerre de Pologne.
1734	Siege de Philipsbourg; le maréchal de Berwick tue.
—	Batailles de Bitonto, de Parme, de Guastalle.
1735	Un corps russe de 10,000 hommes marche sur le Rhin au secours de l'empereur.
—	Preliminaires de Vienne. (3 Oct.)
1736	Guerre de la Russie et de l'empereur contre la Porte.
—	Theodore, fameux aventurier, proclamé roi de Corse.
1737	Extinction des Kettlers, ducs de Courlande; avénement de la famille des Bieren.

1737		Mort de Jean Gaston, dernier grand-duc de Toscane de la maison de Medicis.
1738		Paix definitive de Vienne: cession de la Lorraine à la France; du royaume des deux Siciles à Dom Carlos; du grand-duché de Toscane au duc de Lorraine; de Parme et de Plaisance à l'empereur; du Novarois et du Tortonois au roi de Sardaigne; garantie de la pragmatique sanction autrichienne par la France.
1739		Paix de Belgrad entre l'empereur, la Russie et les Turcs: Belgrad, la Servie et la Wallachie autrichienne rendues aux Turcs; les Russes restituent leurs conquêtes et renoncent à la mer noire.
—		Guerre entre l'Espagne et l'Angleterre au sujet du commerce clandestin.
1740	31 mai	Avenement de Frédéric II. roi de Prusse.
—	20 oct.	Mort de l'empereur Charles VI. Fin de la descendance mâle de la maison de Habsbourg-Autriche; avénement de Marie-Therése.
—	11 dec.	Guerre pour la succession d'Autriche.
1741	10 avril	Bataille de Molwitz par le roi de Prusse.
—	18 mai	Alliance de la France et de l'Espagne avec l'Electeur de Bavière contre Marie-Thérèse.

1741	4 août.	La Suède déclare la guerre à la Russie.
—	24 nov.	Révolution de St. Petersbourg ; detrônement d'Iwan III ; avenement de l'impératrice Elisabeth.
1742	4 janv.	Election de l'empereur Charles VII. de Bavière.
—	1 fevr.	Convention de Turin entre Marie-Thérèse et le roi de Sardaigne.
—	17 mai	Bataille de Czaslau par le roi de Prusse.
—	11 juin et 28 juil	Paix de Breslau et de Berlin : cession de la Silésie au roi de Prusse.
—	—	Institution de la société royale des sciences de Coppenhague.
1743	17 juin	Bataille de Dettingen par l'armée pragmatique du roi George II.
—	4 juil.	La succession au trône de Suède déferée à Adolphe Frederic, prince de Holstein-Gottorp.
—	18 août	Paix d'Abo entre la Russie et la Suède : cession d'une partie de la Finlande par la Suède.
—	13 sept.	Traité d'alliance de Worms entre la reine de Hongrie et le roi de Sardaigne.
1744	22 mai	Traité d'union de Francfort ; le roi de Prusse recommence la guerre ; la France declare

		declare la guerre à la reine et attaque les Pays-Bas.
1744	juillet	Invasion des Autrichiens en Alsace.
1745	8 janv.	Alliance de Varsovie entre l'Autriche, l'Angleterre, la Hollande et la Saxe.
—	20 janv.	Mort de l'empereur Charles VII.
—	22 avril	Paix de Fuessen entre Marie-Thérèse et le nouvel electeur de Bavière.
—	août	Descente du pretendant en Ecosse.
—	11 mai	Bataille de Fontenoy, par le maréchal de Saxe.
—	4 juin	Bataille de Hohenfriedberg, par le roi de Prusse.
—	13 sept.	Election de l'empereur François I; avénement de la maison de Lorraine-Autriche au trône de l'Empire.
—	30 sept.	Bataille de Sorr ou de Trautenau, par le roi de Prusse.
—	15 déc.	Bataille de Kesselsdorf, par le prince de Dessau.
—	25 déc.	Paix de Dresde entre la reine, le roi de Prusse et l'electeur de Saxe, confirmative des traités de Breslau et de Berlin.
1746	17 avril	Defaite du pretendant à Culloden par le duc de Cumberland.

1746	16 juin	Défaite des alliés à Plaisance; les Autrichiens se rendent maîtres de Gênes.
—	11 oct.	Bataille de Raucoux, par le maréchal de Saxe.
—	5 déc.	Révolution de Gênes; expulsion des Autrichiens.
1747	17 avril	Invasion des Français dans les Pays-Bas hollandais ; second rétablissement du Stadhoudérat.
—	2 juill.	Bataille de Lawfeld, par le maréchal de Saxe; siége de Mæstricht.
1748	1 juill.	Arrivée d'une armée auxiliaire russe en Franconie, sous les ordres du prince Repnin.
—	18 oct.	Paix d'Aix-la-Chapelle entre la France, l'Angleterre et la Hollande: les duchés de Parme et de Plaisance cédés à Dom Philippe, Infant d'Espagne; cession du Pavesan et du comté d'Anghiera au roi de Sardaigne.
1751	5 avril	Adolphe-Fréderic, roi de Suède; avénement de la maison de Holstein-Gottorp au trône de Suède.
—	—	Fondation de la société royale des sciences de Gottingue.

1755	juin	Guerre entre la France et l'Angleterre.
—	1 nov.	Tremblement de terre de Lisbonne.
—		Pascal Paoli, chef des mécontens de Corse.
1756	16 janv.	Alliance entre l'Angleterre et la Prusse.
—	1 mai	Traité d'alliance de Versailles entre la France et la maison d'Autriche.
—	août	Invasion du roi de Prusse en Saxe.
—	1 oct.	Bataille de Lowositz.
1757	. . .	L'Empire, la France, la Suède, la Russie réunis à la maison d'Autriche et à l'electeur de Saxe contre le roi de Prusse.
—	6 mai	Bataille de Prague, par le roi de Prusse.
—	18 juin	Bataille de Kolin, par le maréchal Daun.
—	26 juil	Bataille de Hastenbeck, par le marechal d'Estrées.
—	30 août	Bataille de Jægersdorf, par le maréchal Apraxin.
—	10 sept.	Convention de Closterseven, par Richelieu.
—	5 nov.	Bataille de Rosbach, par le roi de Prusse.
—	22 nov.	Bataille de Breslau, par le prince de Lorraine.
—	5 déc.	Bataille de Lissa, par le roi de Prusse.
—	. . .	Conquêtes du colonel Clive dans le Bengale.

1758	23 juin	Bataille de Crevelt, par le prince Ferdinand de Brunswic.
—	25 août	Bataille de Zorndorf, par le roi de Prusse.
—	14 oct.	Bataille de Hochkirchen, par le maréchal Daun.
—	30 déc.	Nouveau traité de Versailles entre la France et l'Autriche.
1759	. . .	Expulsion des Jésuites du Portugal.
—	13 avril	Bataille de Bergen, par le marechal de Broglie.
—	6 juil.	Bataille de Züllichau, par Soltikof.
—	1 août	Bataille de Minden, par le prince Ferdinand.
—	12 août	Bataille de Kunnersdorf ou de Francfort, par Soltikof.
—	13 sept.	Victoire de St. Charles, proche Québec, par le général Wolf, mort de ce general.
—	18 sept.	Prise de la ville de Québec par les Anglais.
	6 oct.	Pragmatique de Dom Carlos relative à l'ordre de succession dans le royaume des deux Siciles.
1760	15 août	Bataille de Liegnitz, par le roi de Prusse.
—	3 nov.	Bataille de Torgau, par le roi de Prusse.
1761	15 juill.	Action de Villinghausen, par le prince Ferdinand.

1761.	15 août	Pacte de famille entre les differentes branches de la maison de Bourbon.
1762	janv.	Rupture entre l'Angleterre, l'Espagne et le Portugal.
—	5 janv.	Mort de l'Impératrice Elisabeth: Pierre III. Empereur, avenement de la maison de Holstein-Gottorp au trône de Russie.
—	5 mai	Paix de Petersbourg entre la Russie et le roi de Prusse.
—	22 mai	Paix de Hambourg entre la Suède et le roi de Prusse.
—	9 juil.	Déstitution de Pierre III; avénement de Catherine II.
—	30 août	Bataille de Johannisberg, par les maréchaux d'Estrées et de Soubise.
—	29 oct.	Bataille de Freyberg, par le prince Henri de Prusse.
—	3 nov.	Traité entre la France et l'Espagne pour la cession de la Louisiane.
1763	10 févr.	Traité de paix de Paris et de Londres entre la France, l'Espagne, le Portugal et l'Angleterre: cession du Canada par la France et de la Floride par l'Espagne.
—	15 févr.	Traité de paix de Hubertsbourg entre Marie-Thérèse, le roi de Prusse et l'électeur de Saxe.

1763	10 juin	Convention entre les cours de France, d'Espagne et de Sardaigne touchant le Plaisantin.
1764	26 févr.	L'impératrice Catherine II. décharge le clergé russe de l'administration des biens ecclesiastiques.
—	7 sept.	Election de Stanislas Poniatowsky, dernier roi de Pologne; troubles des dissidens.
1765	22 mars	Fameux acte du timbre; origine des troubles de l'Amérique septentrionale.
1767	22 avril	Traité provisionnel d'échange de Coppenhague entre l'impératrice de Russie et le roi de Danemarc.
1768	15 mai	Cession de l'île de Corse à la France par la république de Gênes.
—	27 mai	Traité de Gottorp; la maison de Holstein reconnaît l'entière immédiateté de la ville de Hambourg.
—	oct.	Guerre entre la Russie et la Porte, à l'occasion des troubles de la Pologne.
1770	7 juil.	Destruction de la flotte turque dans le port de Tschesme par les Russes.
1771	. . .	Moscou ravagée par la peste.
1772	5 août	Premier traité de partage de la Pologne la Prusse polonaise avec une partie de la grande Pologne adjugés au roi de Prusse;

		les royaumes de Gallicie et de Lodomérie à la maison d'Autriche; la Livonie polonaise avec une partie de la Lithuanie à la Russie.
1772	19 et 21 août	Révolution de Stockholm; nouvelle extension du pouvoir royal en Suède.
—	. . .	Congrès de Foksany et de Boccarest, aux mois d'août et d'octobre.
1773	1 juin	Traité définitif d'échange du duché de Holstein-Gottorp contre les comtés d'Oldenbourg et de Delmenhorst, signé à Czarskoe-Selo.
—	. . .	Le Cosaque Pugatschef joue le rôle de Pierre III.
—	21 juil.	Suppression de l'ordre des Jésuites par le Pape Clément XIV.
1774	21 juil.	Paix de Koutschouc-Kaynardgi entre les Russes et les Turcs: les Tatars de la Crimée et du Kuban déclarés independans de la Porte; Asoff, Kertsch, Jenikale, Kinbourn et le pays entre l'embouchure du Boug et du Dnepr cédés à la Russie.
—	29 déc.	Le comté d'Oldenbourg érigé en duché.
1775	avril	Commencement des hostilites dans l'Amérique septentrionale.

1775	7 mai	Convention entre l'Autriche et la Porte sur la cession de la Bukowine.
—	14 août	Fin de la républ. des Cosaques Saporogues.
—	18 nov.	Nouvelle constitution des gouvernemens de Russie, publiée par l'impératrice Catherine II.
1776	. . .	Le calendrier grégorien adopté par le corps évangélique.
—	4 juil.	Déclaration d'indépendance des colonies de l'Amérique septentrionale.
—	4 oct.	Acte de confédération et d'union entre onze colonies anglaises de l'Amérique septentrionale.
1777	28 mai	Alliance de 50 ans entre les Suisses et la France.
—	1 oct.	Traité de St. Ildéfonse entre l'Espagne et le Portugal; cession de la colonie du St. Sacrement à l'Espagne.
—	30 déc.	Mort du dernier electeur de Bavière.
1778	3 janv.	Convention entre la cour de Vienne et l'electeur palatin sur la succession de la Bavière.
—	6 févr.	Traité d'alliance et de commerce entre la France et les treize colonies de l'Amérique septentrionale: guerre entre la France et l'Angleterre.

1778	juillet	Guerre pour la succession de la Baviere entre la maison d'Autriche et le roi de Prusse.
—	9 juil.	Nouvel acte de confedération entre les treize etats unis de l'Amerique consomme en 1781.
—	27 juil.	Combat naval d'Ouessant.
—	19 oct.	Fondation de la ville de Kerson.
1779	21 mars	Convention explicative de Constantinople entre les Russes et les Turcs.
—	13 mai	Paix de Teschen entre l'imperatrice reine et le roi de Prusse : cession de la partie de la Bavière entre la Salza, l'Inn et le Danube à la maison d'Autriche.
—	juin et juillet	Les Espagnols prennent part à la guerre d'Amerique.
1780	9 juil. et 1 août	Conventions pour la neutralité armée entre l'impératrice de Russie et les rois de Danemarc et de Suède.
1781	. . .	Les Hollandais entraînés dans la guerre d'Amérique.
—	déc.	Demolition des places fortes des Pays Bas, ordonnee par l'empereur Joseph II.
1782	janv.	Les Hollandais forcés de retirer leurs troupes des places de la Barrière.

1782	sept.	Reconnoissance de l'indépendance des états-unis d'Amerique, par l'Angleterre.
1783	28 juin	Abdication du Khan de la Crimee ; la Crimée passe sous la domination de la Russie avec l'île de Taman et le Kuban.
—	4 août	Le Czar Heraclius de Kartalinie et de Kachet fait sa soumission à la Russie.
—	3 sept.	Paix definitive de Versailles entre l'Angleterre, la France et l'Espagne : le port de Dunkerque rendu libre ; l'île de Minorque et la Floride rétrocédées à l'Espagne.
—	3 sept.	Paix définitive de Paris entre l'Angleterre et les Etats-unis de l'Amérique.
1784	8 janv.	Convention de Constantinople entre la Russie et la Porte, confirmative de la cession de la *Crimée*, de l'île de Taman et de la partie du Kuban située sur la droite du fleuve de ce nom.
—	avril	Conférences de Bruxelles pour les différends entre l'Empereur et les Etats généraux.
—	20 mai	Paix définitive de Paris entre l'Angleterre et la Hollande : cession de Negapatnam à l'Angleterre.
1785	23 juil.	Confédération germanique, signée à Berlin,

		contre le projet d'échange de la Bavière.
1785	sept.	Commandement de la Haye enlevé au Stadhouder par les états de Hollande; le Stadhouder se retire dans la Gueldre.
—	12 oct.	Abolition de la nonciature en Empire.
—	8 nov.	Paix definitive de Fontainebleau entre l'empereur et les provinces unies des Pays Bas : la fermeture de l'Escaut maintenue.
—	10 nov.	Alliance entre la France et les provinces unies des Pays-Bas.
—	. . .	Nouvelle constitution des villes de Russie publiée par l'impératrice Catherine II.
1786	17 août	Mort de Frédéric le grand, roi de Prusse.
1787	1 janv.	Edit de l'empereur sur le gouvernement géneral des Pays-Bas; origine des troubles des Pays-Bas.
—	11 janv.	Traité de commerce entre la France et la Russie.
—	22 févr.	Première assemblée des notables à Versailles.
—	16 août	Guerre déclarée par la Porte à la Russie; l'Empereur Joseph II y prend part comme allie de la Russie.
	17 sept.	Nouvelle constitution féderale des états-unis d'Amérique.

1787	sept.	Entrée des Prussiens dans la Hollande ; rétablissement du Stadhouderat héréditaire.
1788	15 avril	Alliance défensive entre les Provinces unies, l'Angleterre et la Prusse.
—	juillet	La Suède alliee de la Porte déclare la guerre à la Russie.
—	6 nov.	Seconde assemblée des notables à Versailles.
—	17 déc.	Prise d'Oczakow par les Russes.
—	27 déc.	Arrêt du conseil du roi pour la double représentation du Tiers-Etat.
1789	3 avril	Acte de sûreté rédigé à la diète de Stockholm; nouvelle extension du pouvoir royal en Suède.
—	5 mai	Ouverture des etats-généraux de France à Versailles.
—	17 juin	Formation de l'assemblée nationale constituante.
—	23 juin	Séance royale à Versailles.
—	14 juil.	Révolution de Paris; établissement des gardes nationales, prise de la Bastille.
—	4 août	Abolition du système féodal et de tous les privilèges en France.

1789	22 sept.	Suwarow, réuni au prince de Cobourg, défait les Turcs auprès de Martinestie sur les bords du Rimnik.
—	8 oct.	Prise de Belgrad par les Autrichiens.
—	19 oct.	Première séance de l'assemblée nationale de France à Paris.
—	24 oct.	Troubles Belgiques; les insurgés Brabançons s'emparent de Turnhout et chassent successivement les Autrichiens de toutes les places.
—	21 déc.	Emission des assignats décretée.
1790	11 janv.	Confédération des provinces Belgiques à Bruxelles sous la dénomination d'Etats Belgiques unis.
—	31 janv.	Alliance entre la Prusse et la Porte contre l'Autriche et la Russie.
—	26 févr.	Division de la France en départemens décretée.
—	29 mars	Alliance du roi de Prusse avec le roi et la republique de Pologne.
—	12 juil.	Constitution civile du clergé décretée.
—	14 juil.	Fédération génerale des Français.
—	24 juil.	Convention entre l'Espagne et la Grande-Bretagne, touchant les differends du Nootka-Sund.

1790	27 juil.	Declarations signées à Reichenbach entre l'Autriche et la Prusse, pour le rétablissement de la paix entre l'empereur et la Porte, sur la base du *statu quo strict* avant la guerre.
—	24 août	Traité de paix signé dans la plaine de Werela, prés de la rivière de Kymene, entre la Russie et la Suede: restitution reciproque de toutes les conquêtes.
—	2 déc.	Les autrichiens rentrent dans Bruxelles; fin des troubles Belgiques.
—	10 déc.	Convention de la Haye entre l'Empereur, l'Angleterre, la Prusse et la Hollande, pour la pacification des troubles des Pays Bas; non ratifiee.
1791	3 mai	Nouvelle constitution de la Pologne.
—	21 juin	Fuite de Louis XVI.
—	9 juil.	Première loi contre l'émigration en France.
—	17 juil.	Insurrection du champ de Mars; publication de la loi martiale.
—	4 août	Traité de paix perpetuelle de Szistowa, entre l'Autriche et la Porte, conclu sur la base du *statu quo* avant la guerre de 1788; restitution de Belgrade et de toutes les conquêtes par l'Autriche.

1791	27 août	Declaration de Pilnitz signée par l'Empereur et le roi de Prusse.
—	14 sept.	Reunion de la ville d'Avignon et du Comtat Venaissin à l'Empire français.
—	14 sept.	Acceptation de la premiere constitution par Louis XVI.
—	1 oct.	Ouverture de l'assemblée législative de France.
1792	9 janv.	Traité de paix perpétuelle de Yassy entre la Russie et la Porte : Oczakow et le pays entre le Bog et le Dniester restent à la Russie; le Dniester est établi pour frontière stable et permanente entre les deux empires; restitution de toutes les autres conquêtes par la Russie.
—	7 févr.	Alliance defensive entre l'Autriche et la Prusse.
—	20 avril	Déclaration de guerre par la France contre l'Autriche.
—	14 mai	Confederation de Targowice opposée à la nouvelle constitution de la Pologne sous la protection de la Russie; entree d'une armée russe en Pologne.
—	18 juin	Lettre de Lafayette contre les clubs, lûe dans la seance de ce jour.

1792	1 août	Decret pour armer de piques la multitude.
—	10 août	Nouvelle revolution de France; suspension du chef du pouvoir exécutif.
—	2 sept. suiv.	Massacre des prisons a Paris.
—	21 sept.	Ouverture de la convention nationale de France.
—	—	Abolition de la royauté; proclamation de la république Française.
—	6 nov.	Bataille de Jemappe, par Dumourier.
—	19 nov.	La convention accorde fraternité et secours à tous les peuples qui voudroient recouvrer leur liberte.
—	27 nov.	Reunion de la Savoye sous le nom de departement du Mont-Blanc.
—	15 déc.	La convention ordonne de proclamer, dans les pays occupés par les armees françaises, la souveraineté du peuple, la suppression des autorites etablies, des droits féodaux et de tous les privilèges.
1793	21 janv.	Supplice de Louis XVI.
—	1 fevr.	Declaration de guerre contre le roi de la Grande-Brétagne et le Stadhouder des Provinces unies.
—	4 févr.	Réunion du comté de Nice sous le nom de département des Alpes maritimes.

1793	7 mars	Déclaration de guerre par la France contre l'Espagne.
—	. . .	Premiere coalition entre l'Autriche, la Prusse, l'Empire, l'Angleterre, la Hollande, l'Espagne, le Portugal, les deux Siciles, l'Etat ecclésiastique et le roi de Sardaigne, contre la republique française.
—	18 mars	Bataille de Neiwinden ou de Landen.
—	23 mars	Reunion de l'evêché de Bâle sous le nom de département du Mont-Terrible.
—	25 mars et 9 avril	Déclarations d'un nouveau démembrement de la Pologne, faites à la diete de Grodno, de la part des deux puissances co-partageantes, la Russie et la Prusse.
—	28 mars	Etablissement d'un tribunal criminel extraordinaire ou *révolutionnaire* à Paris.
—	6 avril	Formation du comité de Salut public de la convention.
—	31 mai et 2 juin	Proscription de plusieurs députés de la convention nationale de France, sous le nom de Girondins et de Fédéralistes : la montagne usurpe tous les pouvoirs ; origine de la sans-culotterie et du systême de la terreur.

1793	27 juin	Acte constitutionnel présenté au peuple français par la convention nationale.
—	13 juil.	Traité de cession, signé à Grodno, entre la Pologne et la Russie, pour une partie déterminée de la Pologne.
—	—	Assassinat de Marat par Charlotte Corday.
—	16 août	Levée en masse du peuple français ordonnée par la convention.
—	8 sept.	Bataille d'Honscoot; défaite du D. d'York; levée du blocus de Bergue et de Dunkerque.
—	17 sept.	Loi sur les suspects publiée par la convention; la France remplie de Bastilles.
—	21 sept.	Acte de navigation décrété par la convention.
—	25 sept.	Traité de cession, signé à Grodno, entre la Pologne et la Prusse, pour une partie déterminée de la Pologne; Dantzic et Thorn subissent la domination prussienne.
—	27 sept.	Loi du maximum publiée par la convention nationale.

		Ère des Français.	
—	6 oct.	15 vend. 2.	Introduction de l'ère républi

			caine et du nouveau Calendrier.
1793	10 oct.	19 vend. 2.	Institution du gouvernement revolutionnaire provisoire.
—	10 oct.	19 vend. 2.	Prise de Lyon par les montagnards ; triste sort de cette ville.
—	16 oct.	25 vend. 2.	Supplice de Marie-Antoinette, reine de France.
1794	24 mars		Insurrection de Kosciuszko en Pologne contre les Russes.
—	26 juin	8 mess. 2.	Bataille de Fleurus par Jourdan.
—	27 juil.	9 therm. 2.	Chûte de Robespierre et de sa faction ; fin du regne de la terreur.
—	4 oct.	13 vend. 3.	Bataille de Macejowice ; Koszіusko défait et fait prisonnier par le général russe, Fersen.
—	4 nov.	14 brum. 3.	Prise de Mæstricht par les Français.
—	—	—	Sac de Prague auprès de Varsovie, par Suwarow.
—	12 nov.	22 brum. 3.	Clotûre du club des Jacobins de Paris.

1794	19 nov.	29 brum. 3.	Traité de commerce et de navigation entre la Grande-Bretagne et les Etats-unis d'Amérique.
1795	3 janv.	14 nivôse 3.	Déclaration signée à St. Petersbourg entre la Russie et l'Autriche, touchant le dernier démembrement de la Pologne et les lots de chacune des deux puissances, ainsi que celui qui sera réservé au roi de Prusse.
—	janv. et février.	nivôse 3.	Conquête des Provinces-unies par les Français; abolition du système fédératif de cette république.
—	9 févr.	21 pluv. 3.	Traité de paix de Paris entre la République française et le grand-duc de Toscane.
—	28 mars	8 germ. 3.	Acte de soumission de la Courlande et de la Semigalle envers la Russie.
—	1 avril	12 germ. 3.	Insurrection du parti Jacobin contre la convention de France.

1795	5 avril	16 germ. 3.	Traité de paix de Bâle entre la République française et le roi de Prusse; évacuation des états prussiens sur la rive droite du Rhin par les Français.
—	16 mai	27 floréal 3.	Traité de paix de Paris entre la République française et les provinces-unies des Pays-Bas, abolition du Stadhoudérat; alliance offensive et defensive perpétuelle contre l'Angleterre; cession de la Flandre hollandaise, de Mæstricht, Venlo et leurs dependances; le port de Flessingue rendu commun; la navigation du Rhin, de la Meuse, de l'Escaut, du Hondt et de toutes leurs branches rendue libre aux deux nations.
—	17 mai	28 floréal 3.	Traite de Bâle entre la République française et le roi de Prusse pour la neutralite d'une partie de l'Empire,

			désignée par une ligne de demarcation.
1795	20 mai	1 prairial 3.	Nouvelle insurrection du parti Jacobin à Paris.
—	31 mai	12 prairial 3.	Suppression du tribunal révolutionnaire.
—	12 juin	24 prairial 3.	Prise de Luxembourg.
—	21 juil.	3 therm. 3.	Affaire de Quiberon par Hoche.
—	22 juil.	4 therm. 3.	Traité de paix conclu à Bâle entre la Republique française et le roi d'Espagne ; cession de la partie espagnole de l'île de St. Domingue.
—	22 août	5 fructid. 3.	Nouvel acte constitutionnel decreté par la convention nationale.
—	23 août	6 fructid. 3.	Dissolution de tous les clubs décretée par la convention nationale.
—	28 août	11 fructid. 3.	Paix de Bâle entre la République française et le Landgrave de Hesse Cassel.
—	23 sept.	1 vend. 4.	Acceptation du second acte

			constitutionnel proclamée par la convention nationale.
1795	1 oct.	9 vend. 4.	Réunion de la Belgique et du pays de Liége et leur organisation en neuf départemens décretées.
—	5 oct.	13 vend. 4.	Soulèvement des sections de Paris contre la convention; les montagnards reprennent faveur.
—	24 oct.	2 brum. 4.	Convention arrêtée à St. Pétersbourg entre l'Autriche et la Prusse, sur les limites de leurs acquisitions respectives faites au dernier démembrement de la Pologne; fin de la République polonaise.
—	26 oct.	4 brum. 4.	Clôture de la convention nationale de France.
—	28 oct.	6 brum. 4.	Ouverture du nouveau corps legislatif de France divisé en deux conseils; introduction de la constitution de l'an 3.
—	4 nov.	13 brum. 4.	Proclamation du Directoire

			exécutif sur son installation.
1795	25 nov.	4 frim. 4.	Stanislas Poniatowsky, dernier roi de Pologne, résigne sa couronne.
1796	18 mars	28 ventose 4.	Création des mandats territoriaux et leur échange contre des assignats.
—	23 mars	3 germ. 4.	Prise de Charette, chef des Vendeens; fin de la guerre de la Vendée.
—	12 au 16 avril	23 au 27 germinal 4.	Batailles de Montenotte, de Millesimo, de Dego et de Ceva par les Français.
—	22 avril	3 floréal 4.	Bataille de Mondovi.
—	9 mai	20 floréal 4.	Bataille de Lodi, par Bonaparte.
—	11 mai	22 floréal 4.	Conjuration de Babœuf fixée à ce jour.
—	15 mai	26 floréal 4.	Traité de paix de Paris entre la République française et le roi de Sardaigne: cession de la Savoie, des comtes de Nice, de Tende et de Beuil; le passage des troupes françaises en Italie rendu libre.

Premier

1796	24 juin	6 mess. 4.	Premier passage du Rhin près de Strasbourg par le général Moreau.
—	28 juin au 9 juill.	10 mess. 4. au 21 mess. 4.	Batailles de Renchen, de Rastatt, d'Etlingen, par l'armée de Rhin et Moselle.
—	3 et 5 août	16 et 18 thermidor 4.	Batailles de Lonato et de Castiglione, par Bonaparte.
—	5 août	18 therm. 4.	Traité de Berlin entre la République française et le roi de Prusse, touchant une nouvelle ligne de démarcation.
—	7 août	20 therm. 4.	Traité de paix de Paris entre la République française et le duc de Wirtemberg : cession de la principauté de Montbéliard, des seigneuries d'Héricourt et de Passavant, du comté d'Horbourg et des seigneuries de Riquewir et Ostheim.
—	11 août	24 therm. 4.	Bataille de Neresheim, par Moreau.
—	19 août	2 fructid. 4.	Traité d'alliance offensive et

			défensive perpétuelle, conclu à St. Ildefonse, entre la République française et le roi d'Espagne.
1796	19 août	2 fructid. 4.	Passage du Danube par l'armée de Rhin et Moselle.
—	22 août	5 fructid. 4.	Traité de paix de Paris entre la République française et le Margrave de Bade : cession des seigneuries de Rodemachern et Hesperingen, du comté de Sponheim, de la seigneurie de Grevenstein, des baillages de Beinheim et de Roth.
—	24 août	7 fructid. 4.	Passage du Lech ; bataille de Friedberg, par l'armée de Rhin et Moselle.
—	3 sept.	17 fructid. 4.	Défaite de Jourdan, près Wirzbourg, par l'Archiduc Charles.
—	4 8 et 15 sept.	18 22 et 29 fructid. 4.	Batailles de Roveredo, de Bassano, de St. Georges, par Bonaparte.
—	7 sept.	21 fructid. 4.	Suspension d'armes entre la

			France et l'Electeur de Bavière conclue à Pfaffenhofen.
7	9 sept.	23 fructid. 4.	Conjuration du camp de Grenelle.
—	10 sept.	24 fructid. 4.	Commencement de la fameuse retraite de Moreau.
—	2 oct.	11 vend. 5.	Bataille de Biberach, par Moreau.
—	10 oct.	19 vend. 5.	Traite de paix de Paris entre la République française et le roi des deux Siciles.
—	23 oct.	3 brum. 5.	Bataille de Schlingen par Moreau.
—	24 oct.	4 brum. 5.	Conférences de Paris entre le Lord Malmesbury et le gouvernement français, rompues le 29 frimaire suivant.
—	5 nov.	15 brum. 5.	Traité de paix de Paris entre la République française et le duc de Parme.
—	9 nov.	19 brum. 5.	Mort de l'Impératrice Catherine II.

1796	15 nov. et suiv.	25 brum. 5. et suivant.	Bataille d'Arcole, par Bonaparte.
1797	10 janv.	21 nivôse 5.	Reddition de Kehl aux Autrichiens.
—	14 et 15 janvier	25 et 26 nivôse 5.	Bataille de Rivoli, par Bonaparte.
—	26 janv.	7 pluv. 5.	Dernière convention sur la Pologne, entre les trois Cours copartageantes, signée à St. Petersbourg.
—	31 janv.	12 pluv. 5.	Conspiration royaliste découverte.
—	2 févr.	14 pluv. 5.	Capitulation et prise de Mantoue.
—	5 févr.	17 pluv. 5.	Capitulation de la tête de pont d'Huningue.
—	9 févr.	21 pluv. 5.	Prise d'Ancone, par les Français.
—	10 févr.	22 pluv. 5.	Renouvellement du traité de commerce entre la Russie et l'Angleterre.
—	19 févr.	1 ventôse 5.	Paix de Tolentino entre la République française et le Pape; renonciation du Pape à Avignon et au Comtat; cession du Ferrarois, du

			Bolonais, de la Romagne; Ancone reste au pouvoir des Francais jusqu'à la paix continentale.
1797	16 mars	25 vent. 5.	Bataille et passage du Tagliamento, par les Français.
—	23 mars	3 germin. 5.	Prise de Trieste, par les Français.
—	5 avril	16 germin. 5.	Traité d'alliance offensive et défensive, conclu à Turin, entre la République française et le roi de Sardaigne.
—	7 avril	18 germin. 5.	Suspension d'armes signée à Judenbourg entre les armées française et autrichienne.
—	17 avril	28 germin. 5.	Insurrection des provinces Vénitiennes contre les Français.
—	18 et 20 avril	29 germ. et 1 floréal 5.	Second passage du Rhin par les armées françaises, sous les ordres de Moreau et de Hoche.
—	12 mai	23 floréal 5.	Révolution de Venise; établissement d'un gouvernement provisoire; entrée des Français dans cette ville.

1797	22 et 31 mai	3 et 12 prairial 5.	Révolution de Gênes.
—	14 juin	26 prairial 5.	Installation du gouvernement provisoire de Gênes, sous le nom de République Ligurienne.
—	6 juill.	18 mess. 5.	Ouverture des conférences de Lille, entre le Lord Malmesbury et les plénipotentiaires de France.
—	9 juill.	21 mess. 5.	Fédération de Milan; proclamation de la nouvelle République cisalpine, formée de la Lombardie autrichienne, du Bergamasque, du Bressan, du Crémasque et autres portions de l'état de Venise, de Mantoue et du Mantouan, du Modenois, de Massa et Carrara, du Bolonais, du Ferrarois et de la Romagne.
—	10 août	23 therm. 5.	Traité de paix entre la France et le Portugal, signé à Paris et non ratifié par la reine de Portugal.

1797	4 sept.	18 fruct. 5.	Déportation de plusieurs membres du Corps législatif et du Directoire de France, déclarés partisans de la royauté.
—	18 sept.	2 compl. 5.	Rupture des conférences de Lille.
—	17 oct.	26 vend. 6.	Traité de paix définitif de Campo Formio, près d'Udine, signé entre la République française et l'Empereur, roi de Hongrie et de Bohême : cession des provinces belgiques et de la Lombardie autrichienne; partage des états de la République de Venise: Corfou, Zante, Cephalonie, Ste. Maure, Cérigo avec les villes et ports de l'Albanie cédés à la France; l'Istrie et la Dalmatie, les îles de l'Adriatique, la ville de Venise, avec les états de Terre-ferme jusqu'à l'Adige, au Tartaro

			et au Po cédés à l'empereur; reconnaissance de la République cisalpine et de ses limites; anéantissement de celle de Venise; cession du Brisgau autrichien en faveur du duc de Modene.
1797	22 oct.	1 brum. 6.	Réunion de la Valteline avec la République cisalpine.
—	21 nov.	1 frim. 6.	Installation du Corps législatif de la Répub. cisalpine.
—	4 déc.	14 frim. 6.	Convention militaire signée à Rastatt entre Bonaparte et le comte de Cobenzl.
—	9 déc.	19 frim. 6	Ouverture du congrès de Rastatt pour la paix entre la France et l'Empire.
—	28 déc.	8 nivôse 6.	Le général Duphot tué dans une émeute à Rome.
—	30 déc.	10 nivôse 6.	Reddition de Mayence aux Français.
1798	6 janv.	16 nivôse 6.	La République de Mulhouse énonce son vœu pour sa réunion à la République française.

1798	17 janv.	28 nivôse 6.	Installation du corps législatif de la République ligurienne.
—	18 janv.	29 nivôse 6.	Prise de possession de Venise par les Impériaux.
—	—	—	Tout vaisseau neutre chargé de marchandise anglaise déclaré de bonne prise par le corps législatif de France.
—	26 janv.	7 pluv. 6.	Entrée d'une armée française dans la Suisse.
—	10 févr.	22 pluv. 6.	Une armee française, commandee par Berthier, arrive devant Rome.
—	15 févr.	27 pluv. 6.	Proclamation de la République romaine.
—	21 févr.	3 vent. 6.	Traités d'alliance et de commerce entre la République française et la République cisalpine, signés à Paris.
—	2 mars	12 vent. 6.	Ratification du traité de réunion de la ville de Mülhouse, par le corps législatif de France.
—	29 mars	9 germ. 6.	Proclamation de la Républ. helvétique une et indivis.

1798	9 avril	20 germ. 6.	Ouverture de la nouvelle assemblée nationale helvétique à Arau.
—	13 avril	24 germ. 6.	L'ambassadeur de France Bernadotte insulté à Vienne par la populace.
—	26 avril	7 floréal 6.	Traité de réunion de la République de Genève à la République française, signé à Genève.
—	1 mai	12 floréal 6.	Proclamation de la nouvelle constitution de la République batave.
—	11 mai	22 floréal 6.	Loi qui annulle les élections de plusieurs assemblées de departemens de l'an 6.
—	19 mai	30 floréal 6.	La flotte française, sous les ordres de Bonaparte, sort de Toulon.
—	30 mai	11 prairial 6.	Ouverture des conférences de Selz entre François de Neufchateau et le comte de Cobenzl.
—	12 juin	24 prairial 6.	L'île de Malte se rend, par capitulation, à l'armée navale de Bonaparte.

1798	2 juill. suiv.	11 mess. 6. suiv.	Bonaparte prend possession d'Alexandrie et de Rosette en Egypte.
—	6 juill.	18 mess. 6.	Fin des conférences de Selz.
—	22 juill.	4 therm. 6.	Entrée des François au Grand-Caire.
—	1 août	14 therm. 6.	Combat naval de Beguières ou d'Abukir; destruction de la flotte française.
—	19 août	2 fructid. 6.	Alliance offensive et défensive entre la République française et la Suisse, signée à Paris.
—	11 sept.	15 fructid. 6.	La Porte publie son manifeste contre la France.
—	27 oct.	6 brum. 7.	Election de l'Empereur Paul de Russie, en qualité de Grand-Maître de l'ordre de Malte, par les chevaliers de l'ordre réunis à St. Pétersbourg; fixation de la résidence de l'ordre dans cette capitale.
—	15 nov.	25 brum. 7.	Conquête de l'île de Minorque par les Anglais.

1798	24 nov.	4 frim. 7.	Levée de bouclier du roi de Naples; les Français attaqués sur le territoire romain par les troupes napolitaines.
—	6 déc.	16 frim. 7.	Declaration de guerre contre les rois de Naples et de Sardaigne par la République française.
—	9 déc.	19 frim. 7.	Le roi de Sardaigne se démet du Piemont et se retire dans la Sardaigne.
—	21 déc.	1 nivôse 7.	Arrivée d'un corps auxiliaire russe en Moravie.
1799	15 janv.	26 nivôse 7.	Révolution de Lucques.
—	23 janv.	4 pluv. 7.	Les Français s'emparent de Naples; république parthenopéenne.
—	28 janv.	9 pluv. 7.	Reddition d'Ehrenbreitstein.
—	4 fevr.	16 pluv. 7.	Bonaparte se porte sur la Syrie.
—	1 mars	11 vent. 7.	Troisième passage du Rhin par l'armee française, sous les ordres de Jourdan.
—	12 mars	22 vent. 7.	La France déclare la guerre à l'Empereur et au Grand-Duc de Toscane.

1799	du 20 au 25 mars	30 vent. au 5 germ. 7.	Batailles de Pfullendorf et de Stockach ; défaite de Jourdan, par l'archiduc Charles ; retraite de l'armée française en-deçà du Rhin.
—	du 26 mars au 5 avril	du 6 au 16 germinal 7.	Bataille de Verone ; défaite de Scherer, par le général Kray.
—	8 avril	19 germ. 7.	Le Congrès de Rastatt rompu par le Ministre impérial ; nouvelle coalition contre la France entre l'empereur, une partie de l'Empire, l'Angleterre, les rois de Naples et de Portugal, la Russie, la Turquie et les états barbaresques.
—	13 avril	24 germ. 7.	Suwarow se réunit à l'armée autrichienne auprès de Verone.
—	27 avril	8 floréal 7.	Bataille de Cassano par les alliés commandés par Suwarow.
—	28 avril	9 floréal 7.	Assassinat des Ministres de France à leur départ de Rastatt.

1799	28 avril	9 floréal 7.	Les alliés entrent à Milan.
—	1 mai	12 floréal 7.	Arrivée de Pie VI. à Briançon.
—	4 mai	15 floréal 7.	Prise de Seringapatnam, capitale du Mysore, par les Anglais; destruction de la puissance de Tippo-Saib aux Indes.
—	20 mai	1 prairial 7.	Levée du siége de St. Jean d'Acre, par Bonaparte.
—	30 mai	11 prairial 7.	Traite de commerce entre les républiques française et helvetique signé à Paris.
—	7 juin	19 prairial 7.	Les Autrichiens pénètrent à Zuric.
—	17 juin suiv.	29 prairial 7. suiv.	Defaite de Macdonald sur la Trebia par les alliés.
—	18 juin	30 prairial 7.	Révolution dans le gouvernement français par la retraite de trois directeurs.
—	20 juin	2 mess. 7.	Réduction de la citadelle de Turin, par les alliés.
—	13 juill.	25 mess. 7.	Le roi des deux Siciles rentre dans Naples.
—	22 juill.	4 therm. 7.	Capitulation de la ville d'Alexandrie.

1799	25 juill.	7 therm. 7.	Defaite des Turcs devant Abukir, par Bonaparte.
—	28 juill.	10 therm. 7.	Capitulation de Mantoue ; l'Italie reconquise par les alliés.
—	13 et 15 août	26 et 28 thermidor 7.	Combats de Zuric et de St Gotthard.
—	15 août	28 therm. 7.	Bataille de Novi, par les alliés ; le général Joubert tué ; les Français réduits à la défense de l'etat de Gênes.
—	17 août	30 therm. 7.	Arrivee d'un corps auxiliaire russe commande par Korsakow dans la Suisse.
—	24 août	7 fructid. 7.	Bonaparte s'embarque pour l'Europe.
—	27 août	10 fructid. 7.	Déscente des Anglais dans la Nord Hollande.
—	30 août	13 fructid. 7.	La flotte hollandaise revoltée tombe au pouvoir des Anglais.
—	8 sept.	22 fructid. 7.	Suwarow marche sur la Suisse.
—	11 sept.	25 fructid. 7.	Reddition de Tortone.
—	12 sept.	26 fructid. 7.	L'Archiduc se porte de la Suisse sur le Bas-Rhin ; le-

			vée du siège de Philipsbourg par les Français.
1799	15 sept. suiv.	29 fructid. 7. suiv.	Debarquement du duc d'York et d'un corps auxiliaire russe dans la Nord-Hollande.
—	19 sept.	3 compl. 7.	Bataille de Bergen dans la Nord-Hollande par le général Brune.
—	23 sept.	1 vend. 8.	Passage de Suwarow par le mont Gotthard.
—	24 sept. suiv.	2 vend. 8. suiv.	Combats de Zuric ; les Austro-Russes défaits évacuent la Suisse.
—	4 oct.	12 vend. 8.	Retraite de Suwarow des cantons de Schwitz et de Glaris par les Grisons ; rappel des troupes russes par l'Empereur Paul.
—	6 oct.	14 vend. 8.	Bataille de Castricum, par le général Brune ; les Anglo Russes défaits se retirent sur le Zyp.
—	16 oct.	24 vend. 8.	Arrivée de Bonaparte à Paris.
—	18 oct.	26 vend. 8.	Convention d'Alkmaar entre le duc d'York et le général

			Brune ; évacuation de la Nord-Hollande, par les Anglo-Russes.
1799	4 oct.	13 brum. 8.	Bataille de Genola par Melas.
—	9 et 10 nov.	18 et 19 brumaire 8.	Translation du corps legislatif à St. Cloud ; suppression du directoire et de la constitution de l'an 3, établissement d'une commission consulaire executive.
—	13 nov.	22 brum. 8.	Prise d'Ancone, par les Autrichiens.
—	4 déc.	13 frim. 8.	Prise de Coni, par les Autrichiens.
—	13 dec.	22 frim. 8	Nouvelle constitution décretée ; Bonaparte nomme premier consul.
—	15 déc.	24 frim. 8.	Décret du 29 Nivôse 6 sur les neutres rapporté.
1800	27 janv.	7 pluv. 8.	Convention entre le Grand-Vizir et le general Kleber sur l'évacuation de l Egypte, improuvee par le cabinet de Londres.
—	20 mars	29 vend. 8.	Defaite du Grand-Vizir au-

			près d'El-Hanca en Egypte, par le général Kleber.
1800	25 avril	5 floréal 8.	Nouveau passage du Rhin, par le général Moreau.
—	28 avril	8 floréal 8.	Reprise du Caire sur les Ottomans; l'Egypte reconquise; Murat-Bey, chef des Mamelucs, fait sa soumission à la France.
—	3 5 9 mai	13 15 19 floréal 8.	Batailles d'Engen, de Mœskirch et de Biberach, par le général Moreau.
—	14 mai suiv.	24 floréal 8. suiv.	Passage du mont St. Bernard par l'armée de réserve.
—	30 mai	10 prairial 8.	Entrée de Bonaparte à Milan.
—	4 juin	15 prairial 8.	Proclamation pour le rétablissement de la République cisalpine.
—	14 juin	25 prairial 8.	Bataille de Marengo; entière défaite du général Melas; mort de Dessaix.
—	16 juin	27 prairial 8.	Armistice entre les généraux Berthier et Melas; toutes les places fortes du Piémont et de la Lombardie, avec les villes de Gênes, Savonne

			et Urbin livrées aux Français ; retraite des Autrichiens au-delà de l'Oglio.
1800	2 juill.	13 mess. 8.	Union de l'Irlande avec la Grande-Bretagne en un seul et même parlement sanctionnée.
—	15 juill.	26 mess. 8.	Armistice conclu à Munic entre l'armee du Rhin et l'armée impériale ; une ligne de démarcation établie entre les deux armées.
—	5 sept.	18 fructid 8.	Capitulation de Malte ; cette île tombe au pouvoir des Anglais.
—	20 sept.	3 compl. 8.	Convention de Hohenlinden : l'armistice prolongé pour 45 jours entre l'armée du Rhin et l'armee impériale ; les forteresses d'Ingolstatt, d'Ulm et de Philipsbourg livrées aux Français ; congrès indiqué à Lunéville.
—	30 sept.	8 vend. 9.	Renouvellement du traité d'amitié et de commerce entre la République française et

			les états unis d'Amérique signé à Paris.
1800	15 oct. suiv.	23 vend. 9. suiv.	Les Français prennent possession de la Toscane.
—	7 nov.	16 brum. 9.	Arrivée des plénipotentiaires à Luneville.
—	28 nov.	7 frim. 9.	Rupture de l'armistice; renouvellement des hostilités.
—	3 déc.	12 frim. 9.	Victoire complette de Moreau à Hohenlinden.
—	5 déc.	14 frim. 9.	Une armée française, sous les ordres de Macdonald, passe le Splügen.
—	9 déc.	18 frim. 9	L'armée du Rhin force le passage de l'Inn.
—	14 déc.	23 frim. 9.	Passage de la Salza forcé.
—	16 déc.	25 frim. 9.	Renouvellement de la neutralité armée, arrêté à St. Pétersbourg, entre la Russie et la Suède; le Danemarc et la Prusse y accèdent.
—	18 déc.	27 frim. 9.	Action de Vöklbruk sur la Traun; les Français s'emparent de Wels, Lintz, Steyer en Autriche.

1800	24 déc.	3 nivôse 9.	Attentat contre le premier consul échoué.
—	25 déc.	4 nivôse 9.	Nouvel armistice de 45 jours accordé à Steyer; les Autrichiens livrent les forteresses de Braunau et de Wurtzbourg aux Français et évacuent le Tirol; l'empereur prend l'engagement de faire une paix séparée avec la France.
—	25 déc. suiv.	4 5 6 nivôse 9.	L'armée française d'Italie, commandée par Brune, force le passage du Mincio.
1801	1 janv.	11 nivôse 9.	Passage de l'Adige par l'armée française; blocus de Mantoue.
—	—	—	Union de l'Irlande avec la Grande-Bretagne consommée.
—	16 janv.	26 nivôse 9.	Armistice arrêté à Treviso entre les géneraux Brune et Bellegarde; les places de Peschiera, Sermione, Verone, Legnago, Ferrare

			et Ancone rendues aux troupes françaises.
1801	26 janv.	6 pluv. 9.	Convention de Lunéville ; la forteresse de Mantoue ajoutée aux places fortes délivrées à la République sur la droite de l'Adige.
—	9 févr.	20 pluv. 9.	Traité de paix définitif conclu à Lunéville entre la France, l'Empereur et l'Empire, cession de toute la rive gauche du Rhin, du comté de Falckenstein et du Frickthal à la France ; confirmation des clauses principales du traité de Campo-Formio ; le Grand-Duché de Toscane assuré au duc de Parme.
—	10 févr. n. st.	21 pluv. 9.	Réunion des états de Géorgie du prince Héracliowitsch à l'empire de Russie.
—	16 févr.	29 pluv. 9.	Armistice conclu entre les généraux Murat et Damas pour le royaume de Naples.

1801	7 sept.	16 vent. 9.	Ratification de la paix de Lunéville par la diète de l'Empire.
—	9 mars	18 vent. 9.	Réunion définitive des quatre nouveaux départemens du Rhin à la Républ. française.
—	24 mars	3 germ. 9.	Mort de l'Empereur Paul Petrowitsch.
—	28 mars	7 germ. 9.	Traité de paix signé à Florence entre la République française et le roi de Naples; cession de Porto-Longone, de l'île d'Elbe et de l'état degli Presidii à la France.
—	30 mars	9 germ. 9.	Les Anglais forcent le passage du Sund.
—	2 avril	12 germ. 9.	Combat sanglant dans le Sund entre les flottes Anglaise et Danoise.
—	9 avril	19 germ. 9.	Armistice entre les Anglais et les Danois.

FIN.

www.ingramcontent.com/pod-product-compliance
Lightning Source LLC
LaVergne TN
LVHW020417230826
846091LV00004B/1305

* 9 7 8 2 0 1 3 5 8 7 3 1 0 *